Giorgio Parruzza

L'AMORE E' PIU' FORTE

Youcanprint *Self-Publishing*

Voglio dedicare questo libro
ai miei figli Lorenzo e Simone
a dimostrare che nella vita
nulla è impossibile se lo desideri
davvero e soprattutto
non aver paura di esporre i propri
sentimenti

Titolo | L'amore è più forte
Autore | Giorgio Parruzza

ISBN | 978-88-91184-14-6

Youcanprint Self-Publishing
Via Roma, 73 – 73039 Tricase (LE) – Italy
www.youcanprint.it
info@youcanprint.it
Facebook: facebook.com/youcanprint.it
Twitter: twitter.com/youcanprintit

PREMESSA

In questa raccolta di poesie si scorge un modo di vivere l'amore che "Lui" indirizzava a "Lei" unico grande amore . Lei , dolcissima e incantevole . Lui molto più passionale , poetico , viveva in un mondo tutto suo , con le sue paure e le sue ansie che in questa raccolta emergono tutte . A testimonianza di ciò la paura più grande era perdere lei , quasi a renderlo paranoico con il verificarsi degli eventi che quotidianamente modificano lo stato delle cose ma non il sentimento che gli riempie la testa ed il cuore fino a farlo esplodere . Questi pensieri sono degni di essere letti per la loro purezza , onestà , verità e amore con cui sono stati scritti , anche per condividere con il lettore quei pensieri riposti in uno scrigno che forse per troppo tempo rimasto chiuso inaridendo la propria vita .

AMARTI

E' dolce la tua voce
la gioia che mi da una tua parola
non riesco a descriverla
il sapere che tu mi pensi
forse quanto ti penso io
mi gonfia il cuore di dolcezza
mi dai gioia quando mi sorridi
mi dai amore quando mi guardi
Dio , cosa c'è di più caro che amarti

RIDAMMI LA VITA

Quanto ti amo
sento un vuoto dentro di me
perché non ti ho sentita ?
La paura che tu non mi ami e che posso perderti
mi fa odiare la vita
non voglio più essere nulla senza di te
mi piace guardare i tuoi occhi
sentire la tua voce
accarezzarti il viso
ho bisogno di te perché ti amo
fuori piove e stò piangendo
ho bisogno di te perché ti amo
ridammi il sole , la gioia di vivere
chiamami dimmi che mi ami
che anche tu hai bisogno di me
scusami se in questi momenti non ho fiducia
l'idea di perderti mi fa impazzire ma
dentro il mio cuore sento che anche il tuo ha bisogno del mio
con immenso amore

COME POTREI

Vorrei sentirti sempre
vorrei vederti sempre
vorrei averti accanto a me in ogni istante
oggi c'è il sole e so che tu mi ami
ti appartengo
ogni cosa che faccio ho te dentro di me
non riesco a non piangere mentre ti scrivo
questi miei pensieri
sei dolcissima
ho bisogno di te non ti lascerò per nulla al mondo
come potrei uccidere l'amore dopo averlo conosciuto in te
non so se ti leggerò questi miei pensieri
non vorrei annoiarti
sei la creatura più adorabile
e più dolce che ho mai conosciuto
per me sei molto preziosa
per me sei tutto !!!

A LEI

Gesù fa che mi ami sempre
che non mi lasci mai sento
di non poter vivere senza di lei
senza una sua parola
senza una sua carezza
Gesù falle capire che nulla è più importante di lei
che nulla è più importante dell'amore
che l'amore è coraggio
e che non si deve far vincere dalla paura di soffrire
è a lei che dico di non lasciarmi mai
che voglio vivere con lei
che l' amerò per sempre
non lo dico per dire ne per farle piacere
ma perché è quello che desidero
ha messo una luce in me che mi da gioia
Gesù fa che questo amore non mi uccida

FUGGIRE

Tesoro perché mi hai fatto cosi male ?
Proprio quando volevo un pò della tua dolcezza e di conforto
mi hai spezzato
vorrei non essere più nulla in questo momento
per non sentirmi il cuore a pezzi
ogni lacrima che mi scende mi infuoca la disperazione
nel sentire l'amore che mi hai negato
se amarsi è anche capirsi perché non hai sentito la mia
disperazione ?
Perché sei stata sorda alle mie grida ?
Perché sei fuggita quando avevo più bisogno di te ?
Perché sei fuggita quando avevo più bisogno della persona che
amo ?
E' terribile quando dalla persona che ami vuoi un pò di dolcezza
e ricevi solo freddezza

IL PERDONO

Non posso perderti
proprio ora
no non posso
non è giusto credere di vedere l' amore e poi restare ciechi
con la possibilità di vedere solo la mia tristezza
Ti amo ?
Ho il cuore gonfio e annodato al solo pensiero di perderti
il calore e la dolcezza che mi dai
non possono essere falsi
non ora che stai ritrovando te stessa
Ti amo ?
Stò lottando contro me stesso per crederti
è doloroso
ma ce la farò
e spero non invano
Ti amo ?

LE COSE PIU' BELLE

Il respiro fino che ti scalda il volto
L'odore dei suoi capelli che ti fa dilatare le narici
Il destino di un bacio
Il silenzio che segue
La mano che puoi stringere fra le tue
Senza trovare resistenza
Il calore di una voce amica che ti fa tornare la gioia di vivere
Due labbra morbide che cercano le tue
La felicità che provi quando ti senti protetto dallo sguardo suo
La donna che ami
Non sono forse mia cara le cose più belle ?

DIMENTICA

Mi sento morire
Ti prego salviamo questo amore
Ti amo ho bisogno di te
Voglio ritrovarmi con te nella nostra casa
Voglio vederti serena ritrovare la tranquillità
Torniamo amore caro ai nostri antichi sogni
Alle promesse di ieri
Alle cose amate
Dimentichiamo questo disperato dolore
Ti prego non far scorrere nel vuoto il mio tempo

SALVAMI

Mi sento morire
Mi sento irrigidire tutto il corpo
Gesù fa che non debba perderla
Salva il mio amore
Poiché hai tolto il profumo ed il colore
Dei nostri fiori

VEDO TE

Vedo il cielo infuocato dal sole che muore
Vedo i tuoi occhi azzurri come la tua anima
Vedo i miei occhi che si confondono con i tuoi
Vorrei essere sempre con te
Per essere felice

PER LEI

Ho chiesto perdono a Gesù
Perché ho fatto del male alla persona che amo
Ed ho chiesto a Gesù di darle nuovamente la felicità

SOGNARTI

Ho sognato di te questa notte
Avevi le mani bianche
Piene d'acqua chiara
Mi facevi bere
Ed io bevevo di te
Della tua freschezza della tua purezza

DOVE SEI

Sono triste perché non sei più con me
Mi manca il calore del tuo corpo
La dolcezza di un tuo pensiero
Sei triste
Ti penso e sei triste
E' dolce vedere il sorriso nei tuoi occhi
Un sorriso di vero gusto
Che deve rimanere contro le tue paure
Le tue ansie
Le tue insicurezze

IL COLORE DEL CIELO

Abbiamo tante volte guardato insieme il cielo
Lo abbiamo visto dello stesso colore
Lo abbiamo sentito silenzioso
Puro e bianco
Perché non possiamo più amarci ?

LACRIME

Ti ho salutato con le lacrime agli occhi
Tu hai trattenuto le tue
Per non farmi piangere di più
Ma non dobbiamo avere

paura di perderci

TI RICORDO

I giorni passano e il tuo volto
Io lo ricordo sempre
Bianco e pieno di luce

GRAZIE

Un viso , il tuo viso
Contro il sole , gli occhi
Luccicanti di lacrime
Ed i biondi capelli scomposti
Dal vento sulla fronte
Dio che tristezza , chissà se ancora piangi per me
E se ancora mi pensi come io ti penso
Ti amo ti adoro ti amo
Grazie di questi attimi
Che questa sera mi doni
Attimi sereni dopo giorni senza sole
Grazie per tenermi tra le braccia
Per farmi udire i battiti del cuore , il tuo
Grazie per tutto il tempo trascorso con te
Per tutto grazie

VORREI TE

Vorrei che le tue piccole mani
Mi sfiorassero il volto sorridente d'amore
Vorrei riascoltare la tua voce di mare
Vorrei confondermi nel colore dei tuoi occhi
Ecco cosa vorrei per essere
Felice

PROFUMO D'AMORE

Ho costruito per te una strada lunghissima , senza fine
Cosparsa di fiori ,ne ho messi tanti piccoli e grandi
Profumati d'amore e senza colore
Ma vorrei che tu li cogliessi tutti lo stesso sorridendo per me e
per te

TI AMO

Questa notte ti ho baciato su una guancia
Ma tu non te ne sei accorta
Perché dormivi
Ti amo

VIVERE CON TE

Vivere d'amore e di pace
Sempre con te
Ogni giorno con dolcezza

IL CORAGGIO PER NOI

Come posso lasciare il tuo cuore
Come posso lasciare il nostro cuore nei ricordi
Dobbiamo chiedere il coraggio al nostro amore
Per continuare a vedere il cielo dello stesso colore
Lo possiamo , per continuare a vivere
Gesù ti prego aiutaci anche tu

CON INFINITA DOLCEZZA

Abbiamo tante volte guardato insieme il cielo
Lo abbiamo visto dello stesso colore
Lo abbiamo sentito silenzioso e puro
Come potrei pensare di non poterti più amare
Vivere d'amore e di pace sempre con te
Con infinita dolcezza ti amo da morire

CUORE NERO

Non piangere amore
Non soffrire più
I tuoi occhi ora guardano un cuore nero
Triste , che rabbiosamente piange
Ma il mare tornerà come allora
Azzurro e calmo perché è cosi che lo volevamo
Nei tuoi occhi tristi di infinita dolcezza
Annega il mio spirito
Mentre il mio cuore batte forte contro le vertebre
Ti amo sempre di più

IL SILENZIO

Il momento più dolce
Più bello
Non è quando ti dico ti amo
Ma è quello che viene dopo
La silenziosa consapevolezza dell'amore

NEL BUIO

La serenità che mi si diffonde
Nella mente stanca di vedere il buio
La provo perché sono sicuro che in questa
Oscurità qualcuno mi è vicino e mi tiene la mano

SERENITA'

E' dolce sentirti parlare col cuore
mi fai passare il dolore
mi ridai gioia e serenità

LA MIA SOLITUDINE

L 'angoscia dei tuoi occhi è penetrata nella mia anima
Il mio cuore si è svuotato
Se solo potessi ridarti la felicità
Non sentirei più il vuoto della mia solitudine
Senza lacrime ne rimpianti
Ti amo da morire

OGNI VOLTA

E ' dolce questa tristezza che mi prende ogni volta che ti lascio
Mi fa capire che ti amo ogni volta sempre di più
Mi fa capire che ho bisogno di te
Mi fa capire che sei tutta la mia vita
Con immenso amore

VORREI MORIRE

Gesù ci sono attimi in cui mi sento morire
In cui vorrei morire
Perché non ho più gioia nella vita
Amore mio ti prego aiutami
Ti amo , ho bisogno di te
Ridammi la gioia di vivere
Puoi

IL TUO SORRISO

Voglio asciugare le tue lacrime
Voglio dividere la tua tristezza
Voglio vedere sempre il sorriso sulle tue labbra
E nella tua anima
La tranquillità sul tuo sorriso

LA LUCE

Non hai colpa se la mia mente precipita nel buio
Il colore del tuo amore è l'azzurro
Come il colore dei tuoi occhi
Che mi fanno sentire la luce
Ancora non la vedo bene
Ma sento che c'è

IN DUE PAROLE

Ti penso
I tuoi occhi sono nei miei
La tua voce si confonde con la mia
I nostri cuori battono insieme
Ma in due parole tutto
Ti amo

CHE AMAREZZA

Il mare della solitudine mi sta affogando
Mi fa desiderare il nulla , la morte
Perché anche l'ultima cosa che credevo
Pura, fresca , vera , sincera , leale e dolce :
l' amore … non lo è

IL MIO DOLORE

Perché la vita mi vuole cambiare ?
Perché la vita vuol farmi perdere la fede nell'amore ?
Perché al mondo non c'è più nulla di vero , di puro ?
Perché l'unica cosa che non mi abbandonerà mai
È l'atrocità del mio dolore e della mia disperazione ?
Perché tu fatta d'amore e lui fatto di quello che
Solo a pensarlo mi fa vergognare di averlo pensato

SENTO DI AMARTI

Quando mi sento crollare tutto
Ho bisogno di sentirti per non sentirmi morire
Mi dai forza ,mi dai gioia ,mi dai serenità , mi dai amore
Ed io mi accorgo di amarti sempre di più

PENSARTI

Penso sempre al tuo cuore
Penso sempre al tuo sorriso
Mi basta pensare al momento
in cui ti dovrò vedere per
essere felice

LA MIA LUCE

La dolcezza della tua anima
Ha portato la luce in me
Ogni istante che passa
Mi rendo sempre più conto di quanto
Sia prezioso amarti

L'AMORE PIU' FORTE

Gli alberi del mio giardino fiorito
Hanno perso il loro colore
Le rose profumate di cielo azzurro
Hanno perduto i petali d'argento
Anche l'erba è diventata rada
Non profuma più di tenero
Perché il freddo aggredisce anche
Gli occhi più chiari ma
nulla può contro l'amore più forte

Indice

Finito di stampare nel mese di Aprile 2015
per conto di Youcanprint *Self-Publishing*